This book belongs to:

Dedication

This book is for all the wine lovers out there who love trying new wines and enjoys a wine tasting. Wine can be a great relaxing activity and this is a great way to record your review of each wine, so you can known what you enjoy the most.

How To Use This Wine Review Book

This wine book is meant to be filled in with the following categories:

Basic Info - Winery, Region, Grapes, Vintage, Alcohol Content. You can record an overview of each wine's properties.

Ratings - Appearance, Aroma, Body, Taste, Finish. You can write comments and fill in a starred review out of five stars.

Pairs With / Serving Temperature.

Notes. A blank space where you can record your thoughts in detail.

Wine Name _____

Winery _____   Region _____

Grapes _____   Vintage _____   Alcohol % _____

Appearance		☆ ☆ ☆ ☆ ☆
Aroma		☆ ☆ ☆ ☆ ☆
Body		☆ ☆ ☆ ☆ ☆
Taste		☆ ☆ ☆ ☆ ☆
Finish		☆ ☆ ☆ ☆ ☆

Pairs With	Serving Temperature

Notes

Ratings ☆ ☆ ☆ ☆ ☆

Wine Name _____

Winery _____   Region _____

Grapes _____   Vintage _____   Alcohol % _____

Appearance		☆ ☆ ☆ ☆ ☆
Aroma		☆ ☆ ☆ ☆ ☆
Body		☆ ☆ ☆ ☆ ☆
Taste		☆ ☆ ☆ ☆ ☆
Finish		☆ ☆ ☆ ☆ ☆

Pairs With	Serving Temperature

Notes

Ratings ☆ ☆ ☆ ☆ ☆

Wine Name _____

Winery _____ Region _____

Grapes _____ Vintage _____ Alcohol % _____

Appearance	☆ ☆ ☆ ☆ ☆
Aroma	☆ ☆ ☆ ☆ ☆
Body	☆ ☆ ☆ ☆ ☆
Taste	☆ ☆ ☆ ☆ ☆
Finish	☆ ☆ ☆ ☆ ☆

Pairs With	Serving Temperature

Notes

Ratings ☆ ☆ ☆ ☆ ☆

Wine Name _____

Winery _____   Region _____

Grapes _____   Vintage _____   Alcohol % _____

Appearance		☆ ☆ ☆ ☆ ☆
Aroma		☆ ☆ ☆ ☆ ☆
Body		☆ ☆ ☆ ☆ ☆
Taste		☆ ☆ ☆ ☆ ☆
Finish		☆ ☆ ☆ ☆ ☆

Pairs With	Serving Temperature

Notes

Ratings ☆ ☆ ☆ ☆ ☆

Wine Name _____

Winery _____   Region _____

Grapes _____   Vintage _____   Alcohol % _____

Appearance		☆ ☆ ☆ ☆ ☆
Aroma		☆ ☆ ☆ ☆ ☆
Body		☆ ☆ ☆ ☆ ☆
Taste		☆ ☆ ☆ ☆ ☆
Finish		☆ ☆ ☆ ☆ ☆

Pairs With	Serving Temperature

Notes

Ratings ☆ ☆ ☆ ☆ ☆

Wine Name _____

Winery _____   Region _____

Grapes _____   Vintage _____   Alcohol % _____

Appearance		☆ ☆ ☆ ☆ ☆
Aroma		☆ ☆ ☆ ☆ ☆
Body		☆ ☆ ☆ ☆ ☆
Taste		☆ ☆ ☆ ☆ ☆
Finish		☆ ☆ ☆ ☆ ☆

Pairs With	Serving Temperature

Notes

Ratings ☆ ☆ ☆ ☆ ☆

Wine Name _____

Winery _____   Region _____

Grapes _____   Vintage _____   Alcohol % _____

Appearance		☆ ☆ ☆ ☆ ☆
Aroma		☆ ☆ ☆ ☆ ☆
Body		☆ ☆ ☆ ☆ ☆
Taste		☆ ☆ ☆ ☆ ☆
Finish		☆ ☆ ☆ ☆ ☆

Pairs With	Serving Temperature

Notes

Ratings ☆ ☆ ☆ ☆ ☆

Wine Name _____

Winery _____   Region _____

Grapes _____   Vintage _____   Alcohol % _____

Appearance		☆ ☆ ☆ ☆ ☆
Aroma		☆ ☆ ☆ ☆ ☆
Body		☆ ☆ ☆ ☆ ☆
Taste		☆ ☆ ☆ ☆ ☆
Finish		☆ ☆ ☆ ☆ ☆

Pairs With	Serving Temperature

Notes

Ratings ☆ ☆ ☆ ☆ ☆

Wine Name _____

Winery _____ Region _____

Grapes _____ Vintage _____ Alcohol % _____

Appearance		☆ ☆ ☆ ☆ ☆
Aroma		☆ ☆ ☆ ☆ ☆
Body		☆ ☆ ☆ ☆ ☆
Taste		☆ ☆ ☆ ☆ ☆
Finish		☆ ☆ ☆ ☆ ☆

Pairs With	Serving Temperature

Notes

Ratings ☆ ☆ ☆ ☆ ☆

Wine Name _____

Winery _____ Region _____

Grapes _____ Vintage _____ Alcohol % _____

Appearance		☆ ☆ ☆ ☆ ☆
Aroma		☆ ☆ ☆ ☆ ☆
Body		☆ ☆ ☆ ☆ ☆
Taste		☆ ☆ ☆ ☆ ☆
Finish		☆ ☆ ☆ ☆ ☆

Pairs With	Serving Temperature

Notes

Ratings ☆ ☆ ☆ ☆ ☆

Wine Name _____

Winery _____   Region _____

Grapes _____   Vintage _____   Alcohol % _____

Appearance		☆ ☆ ☆ ☆ ☆
Aroma		☆ ☆ ☆ ☆ ☆
Body		☆ ☆ ☆ ☆ ☆
Taste		☆ ☆ ☆ ☆ ☆
Finish		☆ ☆ ☆ ☆ ☆

Pairs With	Serving Temperature

Notes

Ratings ☆ ☆ ☆ ☆ ☆

Wine Name

Winery _____ Region _____

Grapes _____ Vintage _____ Alcohol % _____

Appearance		☆ ☆ ☆ ☆ ☆
Aroma		☆ ☆ ☆ ☆ ☆
Body		☆ ☆ ☆ ☆ ☆
Taste		☆ ☆ ☆ ☆ ☆
Finish		☆ ☆ ☆ ☆ ☆

Pairs With	Serving Temperature

Notes

Ratings ☆ ☆ ☆ ☆ ☆

Wine Name _____

Winery _____   Region _____

Grapes _____   Vintage _____   Alcohol % _____

Appearance		☆ ☆ ☆ ☆ ☆
Aroma		☆ ☆ ☆ ☆ ☆
Body		☆ ☆ ☆ ☆ ☆
Taste		☆ ☆ ☆ ☆ ☆
Finish		☆ ☆ ☆ ☆ ☆

Pairs With	Serving Temperature

Notes

Ratings ☆ ☆ ☆ ☆ ☆

Wine Name _____

Winery _____   Region _____

Grapes _____   Vintage _____   Alcohol % _____

Appearance		☆ ☆ ☆ ☆ ☆
Aroma		☆ ☆ ☆ ☆ ☆
Body		☆ ☆ ☆ ☆ ☆
Taste		☆ ☆ ☆ ☆ ☆
Finish		☆ ☆ ☆ ☆ ☆

Pairs With	Serving Temperature

Notes

Ratings ☆ ☆ ☆ ☆ ☆

Wine Name _____

Winery _____ Region _____

Grapes _____ Vintage _____ Alcohol % _____

Appearance		☆ ☆ ☆ ☆ ☆
Aroma		☆ ☆ ☆ ☆ ☆
Body		☆ ☆ ☆ ☆ ☆
Taste		☆ ☆ ☆ ☆ ☆
Finish		☆ ☆ ☆ ☆ ☆

Pairs With	Serving Temperature

Notes

Ratings ☆ ☆ ☆ ☆ ☆

Wine Name _____

Winery _____ Region _____

Grapes _____ Vintage _____ Alcohol % _____

Appearance		☆ ☆ ☆ ☆ ☆
Aroma		☆ ☆ ☆ ☆ ☆
Body		☆ ☆ ☆ ☆ ☆
Taste		☆ ☆ ☆ ☆ ☆
Finish		☆ ☆ ☆ ☆ ☆

Pairs With	Serving Temperature

Notes

Ratings ☆ ☆ ☆ ☆ ☆

Wine Name

Winery _____   Region _____

Grapes _____   Vintage _____   Alcohol % _____

Appearance		☆ ☆ ☆ ☆ ☆
Aroma		☆ ☆ ☆ ☆ ☆
Body		☆ ☆ ☆ ☆ ☆
Taste		☆ ☆ ☆ ☆ ☆
Finish		☆ ☆ ☆ ☆ ☆

Pairs With	Serving Temperature

Notes

Ratings ☆ ☆ ☆ ☆ ☆

Wine Name _____

Winery _____ Region _____

Grapes _____ Vintage _____ Alcohol % _____

Appearance		☆ ☆ ☆ ☆ ☆
Aroma		☆ ☆ ☆ ☆ ☆
Body		☆ ☆ ☆ ☆ ☆
Taste		☆ ☆ ☆ ☆ ☆
Finish		☆ ☆ ☆ ☆ ☆

Pairs With	Serving Temperature

Notes

Ratings ☆ ☆ ☆ ☆ ☆

Wine Name _____

Winery _____   Region _____

Grapes _____   Vintage _____   Alcohol % _____

Appearance		☆ ☆ ☆ ☆ ☆
Aroma		☆ ☆ ☆ ☆ ☆
Body		☆ ☆ ☆ ☆ ☆
Taste		☆ ☆ ☆ ☆ ☆
Finish		☆ ☆ ☆ ☆ ☆

Pairs With	Serving Temperature

Notes

Ratings ☆ ☆ ☆ ☆ ☆

Wine Name _____

Winery _____   Region _____

Grapes _____   Vintage _____   Alcohol % _____

Appearance		☆ ☆ ☆ ☆ ☆
Aroma		☆ ☆ ☆ ☆ ☆
Body		☆ ☆ ☆ ☆ ☆
Taste		☆ ☆ ☆ ☆ ☆
Finish		☆ ☆ ☆ ☆ ☆

Pairs With	Serving Temperature

Notes

Ratings ☆ ☆ ☆ ☆ ☆

Wine Name _____

Winery _____   Region _____

Grapes _____   Vintage _____   Alcohol % _____

Appearance		☆ ☆ ☆ ☆ ☆
Aroma		☆ ☆ ☆ ☆ ☆
Body		☆ ☆ ☆ ☆ ☆
Taste		☆ ☆ ☆ ☆ ☆
Finish		☆ ☆ ☆ ☆ ☆

Pairs With	Serving Temperature

Notes

Ratings ☆ ☆ ☆ ☆ ☆

Wine Name _____

Winery _____   Region _____

Grapes _____   Vintage _____   Alcohol % _____

Appearance		☆ ☆ ☆ ☆ ☆
Aroma		☆ ☆ ☆ ☆ ☆
Body		☆ ☆ ☆ ☆ ☆
Taste		☆ ☆ ☆ ☆ ☆
Finish		☆ ☆ ☆ ☆ ☆

Pairs With	Serving Temperature

Notes

Ratings ☆ ☆ ☆ ☆ ☆

Wine Name _____

Winery _____   Region _____

Grapes _____   Vintage _____   Alcohol % _____

Appearance		☆ ☆ ☆ ☆ ☆
Aroma		☆ ☆ ☆ ☆ ☆
Body		☆ ☆ ☆ ☆ ☆
Taste		☆ ☆ ☆ ☆ ☆
Finish		☆ ☆ ☆ ☆ ☆

Pairs With	Serving Temperature

Notes

Ratings ☆ ☆ ☆ ☆ ☆

Wine Name

Winery _____   Region _____

Grapes _____   Vintage _____   Alcohol % _____

Appearance		☆ ☆ ☆ ☆ ☆
Aroma		☆ ☆ ☆ ☆ ☆
Body		☆ ☆ ☆ ☆ ☆
Taste		☆ ☆ ☆ ☆ ☆
Finish		☆ ☆ ☆ ☆ ☆

Pairs With	Serving Temperature

Notes

Ratings ☆ ☆ ☆ ☆ ☆

Wine Name

Winery _____ Region _____

Grapes _____ Vintage _____ Alcohol % _____

Appearance		☆ ☆ ☆ ☆ ☆
Aroma		☆ ☆ ☆ ☆ ☆
Body		☆ ☆ ☆ ☆ ☆
Taste		☆ ☆ ☆ ☆ ☆
Finish		☆ ☆ ☆ ☆ ☆

Pairs With	Serving Temperature

Notes

Ratings ☆ ☆ ☆ ☆ ☆

Wine Name _____

Winery _____   Region _____

Grapes _____   Vintage _____   Alcohol % _____

Appearance		☆ ☆ ☆ ☆ ☆
Aroma		☆ ☆ ☆ ☆ ☆
Body		☆ ☆ ☆ ☆ ☆
Taste		☆ ☆ ☆ ☆ ☆
Finish		☆ ☆ ☆ ☆ ☆

Pairs With	Serving Temperature

Notes

Ratings ☆ ☆ ☆ ☆ ☆

Wine Name

Winery _____   Region _____

Grapes _____   Vintage _____   Alcohol % _____

Appearance		☆ ☆ ☆ ☆ ☆
Aroma		☆ ☆ ☆ ☆ ☆
Body		☆ ☆ ☆ ☆ ☆
Taste		☆ ☆ ☆ ☆ ☆
Finish		☆ ☆ ☆ ☆ ☆

Pairs With	Serving Temperature

Notes

Ratings ☆ ☆ ☆ ☆ ☆

Wine Name _____

Winery _____   Region _____

Grapes _____   Vintage _____   Alcohol % _____

Appearance		☆ ☆ ☆ ☆ ☆
Aroma		☆ ☆ ☆ ☆ ☆
Body		☆ ☆ ☆ ☆ ☆
Taste		☆ ☆ ☆ ☆ ☆
Finish		☆ ☆ ☆ ☆ ☆

Pairs With	Serving Temperature

Notes

Ratings ☆ ☆ ☆ ☆ ☆

Wine Name _____

Winery _____   Region _____

Grapes _____   Vintage _____   Alcohol % _____

Appearance		☆ ☆ ☆ ☆ ☆
Aroma		☆ ☆ ☆ ☆ ☆
Body		☆ ☆ ☆ ☆ ☆
Taste		☆ ☆ ☆ ☆ ☆
Finish		☆ ☆ ☆ ☆ ☆

Pairs With	Serving Temperature

Notes

Ratings ☆ ☆ ☆ ☆ ☆

Wine Name _____

Winery _____ Region _____

Grapes _____ Vintage _____ Alcohol % _____

Appearance		☆ ☆ ☆ ☆ ☆
Aroma		☆ ☆ ☆ ☆ ☆
Body		☆ ☆ ☆ ☆ ☆
Taste		☆ ☆ ☆ ☆ ☆
Finish		☆ ☆ ☆ ☆ ☆

Pairs With	Serving Temperature

Notes

Ratings ☆ ☆ ☆ ☆ ☆

Wine Name

Winery _____ Region _____

Grapes _____ Vintage _____ Alcohol % _____

Appearance		☆ ☆ ☆ ☆ ☆
Aroma		☆ ☆ ☆ ☆ ☆
Body		☆ ☆ ☆ ☆ ☆
Taste		☆ ☆ ☆ ☆ ☆
Finish		☆ ☆ ☆ ☆ ☆

Pairs With	Serving Temperature

Notes

Ratings ☆ ☆ ☆ ☆ ☆

Wine Name _____

Winery _____ Region _____

Grapes _____ Vintage _____ Alcohol % _____

Appearance		☆ ☆ ☆ ☆ ☆
Aroma		☆ ☆ ☆ ☆ ☆
Body		☆ ☆ ☆ ☆ ☆
Taste		☆ ☆ ☆ ☆ ☆
Finish		☆ ☆ ☆ ☆ ☆

Pairs With	Serving Temperature

Notes

Ratings ☆ ☆ ☆ ☆ ☆

Wine Name _____

Winery _____ Region _____

Grapes _____ Vintage _____ Alcohol % _____

Appearance		☆ ☆ ☆ ☆ ☆
Aroma		☆ ☆ ☆ ☆ ☆
Body		☆ ☆ ☆ ☆ ☆
Taste		☆ ☆ ☆ ☆ ☆
Finish		☆ ☆ ☆ ☆ ☆

Pairs With	Serving Temperature

Notes

Ratings ☆ ☆ ☆ ☆ ☆

Wine Name _____

Winery _____ Region _____

Grapes _____ Vintage _____ Alcohol % _____

Appearance		☆ ☆ ☆ ☆ ☆
Aroma		☆ ☆ ☆ ☆ ☆
Body		☆ ☆ ☆ ☆ ☆
Taste		☆ ☆ ☆ ☆ ☆
Finish		☆ ☆ ☆ ☆ ☆

Pairs With	Serving Temperature

Notes

Ratings ☆ ☆ ☆ ☆ ☆

Wine Name _____

Winery _____ Region _____

Grapes _____ Vintage _____ Alcohol % _____

Appearance		☆ ☆ ☆ ☆ ☆
Aroma		☆ ☆ ☆ ☆ ☆
Body		☆ ☆ ☆ ☆ ☆
Taste		☆ ☆ ☆ ☆ ☆
Finish		☆ ☆ ☆ ☆ ☆

Pairs With	Serving Temperature

Notes

Ratings ☆ ☆ ☆ ☆ ☆

Wine Name _____

Winery _____ Region _____

Grapes _____ Vintage _____ Alcohol % _____

Appearance		☆ ☆ ☆ ☆ ☆
Aroma		☆ ☆ ☆ ☆ ☆
Body		☆ ☆ ☆ ☆ ☆
Taste		☆ ☆ ☆ ☆ ☆
Finish		☆ ☆ ☆ ☆ ☆

Pairs With	Serving Temperature

Notes

Ratings ☆ ☆ ☆ ☆ ☆

Wine Name _____

Winery _____ Region _____

Grapes _____ Vintage _____ Alcohol % _____

Appearance		☆ ☆ ☆ ☆ ☆
Aroma		☆ ☆ ☆ ☆ ☆
Body		☆ ☆ ☆ ☆ ☆
Taste		☆ ☆ ☆ ☆ ☆
Finish		☆ ☆ ☆ ☆ ☆

Pairs With	Serving Temperature

Notes

Ratings ☆ ☆ ☆ ☆ ☆

Wine Name _____

Winery _____   Region _____

Grapes _____   Vintage _____   Alcohol % _____

Appearance		☆ ☆ ☆ ☆ ☆
Aroma		☆ ☆ ☆ ☆ ☆
Body		☆ ☆ ☆ ☆ ☆
Taste		☆ ☆ ☆ ☆ ☆
Finish		☆ ☆ ☆ ☆ ☆

Pairs With	Serving Temperature

Notes

Ratings ☆ ☆ ☆ ☆ ☆

Wine Name

Winery _____ Region _____

Grapes _____ Vintage _____ Alcohol % _____

Appearance		☆ ☆ ☆ ☆ ☆
Aroma		☆ ☆ ☆ ☆ ☆
Body		☆ ☆ ☆ ☆ ☆
Taste		☆ ☆ ☆ ☆ ☆
Finish		☆ ☆ ☆ ☆ ☆

Pairs With	Serving Temperature

Notes

Ratings ☆ ☆ ☆ ☆ ☆

Wine Name _____

Winery _____ Region _____

Grapes _____ Vintage _____ Alcohol % _____

Appearance		☆ ☆ ☆ ☆ ☆
Aroma		☆ ☆ ☆ ☆ ☆
Body		☆ ☆ ☆ ☆ ☆
Taste		☆ ☆ ☆ ☆ ☆
Finish		☆ ☆ ☆ ☆ ☆

Pairs With	Serving Temperature

Notes

Ratings ☆ ☆ ☆ ☆ ☆

Wine Name

Winery _____   Region _____

Grapes _____   Vintage _____   Alcohol % _____

Appearance		☆ ☆ ☆ ☆ ☆
Aroma		☆ ☆ ☆ ☆ ☆
Body		☆ ☆ ☆ ☆ ☆
Taste		☆ ☆ ☆ ☆ ☆
Finish		☆ ☆ ☆ ☆ ☆

Pairs With	Serving Temperature

Notes

Ratings ☆ ☆ ☆ ☆ ☆

Wine Name _____

Winery _____   Region _____

Grapes _____   Vintage _____   Alcohol % _____

Appearance		☆ ☆ ☆ ☆ ☆
Aroma		☆ ☆ ☆ ☆ ☆
Body		☆ ☆ ☆ ☆ ☆
Taste		☆ ☆ ☆ ☆ ☆
Finish		☆ ☆ ☆ ☆ ☆

Pairs With	Serving Temperature

Notes

Ratings ☆ ☆ ☆ ☆ ☆

Wine Name _____

Winery _____   Region _____

Grapes _____   Vintage _____   Alcohol % _____

Appearance		☆ ☆ ☆ ☆ ☆
Aroma		☆ ☆ ☆ ☆ ☆
Body		☆ ☆ ☆ ☆ ☆
Taste		☆ ☆ ☆ ☆ ☆
Finish		☆ ☆ ☆ ☆ ☆

Pairs With	Serving Temperature

Notes

Ratings ☆ ☆ ☆ ☆ ☆

Wine Name _____

Winery _____   Region _____

Grapes _____   Vintage _____   Alcohol % _____

Appearance		☆ ☆ ☆ ☆ ☆
Aroma		☆ ☆ ☆ ☆ ☆
Body		☆ ☆ ☆ ☆ ☆
Taste		☆ ☆ ☆ ☆ ☆
Finish		☆ ☆ ☆ ☆ ☆

Pairs With	Serving Temperature

Notes

Ratings ☆ ☆ ☆ ☆ ☆

Wine Name _____

Winery _____ Region _____

Grapes _____ Vintage _____ Alcohol % _____

Appearance		☆ ☆ ☆ ☆ ☆
Aroma		☆ ☆ ☆ ☆ ☆
Body		☆ ☆ ☆ ☆ ☆
Taste		☆ ☆ ☆ ☆ ☆
Finish		☆ ☆ ☆ ☆ ☆

Pairs With	Serving Temperature

Notes

Ratings ☆ ☆ ☆ ☆ ☆

Wine Name _____

Winery _____   Region _____

Grapes _____   Vintage _____   Alcohol % _____

Appearance		☆ ☆ ☆ ☆ ☆
Aroma		☆ ☆ ☆ ☆ ☆
Body		☆ ☆ ☆ ☆ ☆
Taste		☆ ☆ ☆ ☆ ☆
Finish		☆ ☆ ☆ ☆ ☆

Pairs With	Serving Temperature

Notes

Ratings ☆ ☆ ☆ ☆ ☆

Wine Name

Winery _____ Region _____

Grapes _____ Vintage _____ Alcohol % _____

Appearance		☆ ☆ ☆ ☆ ☆
Aroma		☆ ☆ ☆ ☆ ☆
Body		☆ ☆ ☆ ☆ ☆
Taste		☆ ☆ ☆ ☆ ☆
Finish		☆ ☆ ☆ ☆ ☆

Pairs With	Serving Temperature

Notes

Ratings ☆ ☆ ☆ ☆ ☆

Wine Name _____

Winery _____   Region _____

Grapes _____   Vintage _____   Alcohol % _____

Appearance		☆ ☆ ☆ ☆ ☆
Aroma		☆ ☆ ☆ ☆ ☆
Body		☆ ☆ ☆ ☆ ☆
Taste		☆ ☆ ☆ ☆ ☆
Finish		☆ ☆ ☆ ☆ ☆

Pairs With	Serving Temperature

Notes

Ratings ☆ ☆ ☆ ☆ ☆

Wine Name _____

Winery _____   Region _____

Grapes _____   Vintage _____   Alcohol % _____

Appearance		☆ ☆ ☆ ☆ ☆
Aroma		☆ ☆ ☆ ☆ ☆
Body		☆ ☆ ☆ ☆ ☆
Taste		☆ ☆ ☆ ☆ ☆
Finish		☆ ☆ ☆ ☆ ☆

Pairs With	Serving Temperature

Notes

Ratings ☆ ☆ ☆ ☆ ☆

Wine Name

Winery _____   Region _____

Grapes _____   Vintage _____   Alcohol % _____

Appearance		☆ ☆ ☆ ☆ ☆
Aroma		☆ ☆ ☆ ☆ ☆
Body		☆ ☆ ☆ ☆ ☆
Taste		☆ ☆ ☆ ☆ ☆
Finish		☆ ☆ ☆ ☆ ☆

Pairs With	Serving Temperature

Notes

Ratings ☆ ☆ ☆ ☆ ☆

Wine Name _____

Winery _____ Region _____

Grapes _____ Vintage _____ Alcohol % _____

Appearance		☆ ☆ ☆ ☆ ☆
Aroma		☆ ☆ ☆ ☆ ☆
Body		☆ ☆ ☆ ☆ ☆
Taste		☆ ☆ ☆ ☆ ☆
Finish		☆ ☆ ☆ ☆ ☆

Pairs With	Serving Temperature

Notes

Ratings ☆ ☆ ☆ ☆ ☆

Wine Name _____

Winery _____   Region _____

Grapes _____   Vintage _____   Alcohol % _____

Appearance		☆ ☆ ☆ ☆ ☆
Aroma		☆ ☆ ☆ ☆ ☆
Body		☆ ☆ ☆ ☆ ☆
Taste		☆ ☆ ☆ ☆ ☆
Finish		☆ ☆ ☆ ☆ ☆

Pairs With	Serving Temperature

Notes

Ratings ☆ ☆ ☆ ☆ ☆

Wine Name _____

Winery _____ Region _____

Grapes _____ Vintage _____ Alcohol % _____

Appearance		☆ ☆ ☆ ☆ ☆
Aroma		☆ ☆ ☆ ☆ ☆
Body		☆ ☆ ☆ ☆ ☆
Taste		☆ ☆ ☆ ☆ ☆
Finish		☆ ☆ ☆ ☆ ☆

Pairs With	Serving Temperature

Notes

Ratings ☆ ☆ ☆ ☆ ☆

Wine Name _____

Winery _____   Region _____

Grapes _____   Vintage _____   Alcohol % _____

Appearance		☆ ☆ ☆ ☆ ☆
Aroma		☆ ☆ ☆ ☆ ☆
Body		☆ ☆ ☆ ☆ ☆
Taste		☆ ☆ ☆ ☆ ☆
Finish		☆ ☆ ☆ ☆ ☆

Pairs With	Serving Temperature

Notes

Ratings ☆ ☆ ☆ ☆ ☆

Wine Name

Winery _____ Region _____

Grapes _____ Vintage _____ Alcohol % _____

Appearance		☆ ☆ ☆ ☆ ☆
Aroma		☆ ☆ ☆ ☆ ☆
Body		☆ ☆ ☆ ☆ ☆
Taste		☆ ☆ ☆ ☆ ☆
Finish		☆ ☆ ☆ ☆ ☆

Pairs With	Serving Temperature

Notes

Ratings ☆ ☆ ☆ ☆ ☆

Wine Name _____

Winery _____   Region _____

Grapes _____   Vintage _____   Alcohol % _____

Appearance		☆ ☆ ☆ ☆ ☆
Aroma		☆ ☆ ☆ ☆ ☆
Body		☆ ☆ ☆ ☆ ☆
Taste		☆ ☆ ☆ ☆ ☆
Finish		☆ ☆ ☆ ☆ ☆

Pairs With	Serving Temperature

Notes

Ratings ☆ ☆ ☆ ☆ ☆

Wine Name _____

Winery _____   Region _____

Grapes _____   Vintage _____   Alcohol % _____

Appearance		☆ ☆ ☆ ☆ ☆
Aroma		☆ ☆ ☆ ☆ ☆
Body		☆ ☆ ☆ ☆ ☆
Taste		☆ ☆ ☆ ☆ ☆
Finish		☆ ☆ ☆ ☆ ☆

Pairs With	Serving Temperature

Notes

Ratings ☆ ☆ ☆ ☆ ☆

Wine Name _____

Winery _____ Region _____

Grapes _____ Vintage _____ Alcohol % _____

Appearance		☆ ☆ ☆ ☆ ☆
Aroma		☆ ☆ ☆ ☆ ☆
Body		☆ ☆ ☆ ☆ ☆
Taste		☆ ☆ ☆ ☆ ☆
Finish		☆ ☆ ☆ ☆ ☆

Pairs With	Serving Temperature

Notes

Ratings ☆ ☆ ☆ ☆ ☆

Wine Name

Winery _____ **Region** _____

Grapes _____ **Vintage** _____ **Alcohol %** _____

Appearance		☆ ☆ ☆ ☆ ☆
Aroma		☆ ☆ ☆ ☆ ☆
Body		☆ ☆ ☆ ☆ ☆
Taste		☆ ☆ ☆ ☆ ☆
Finish		☆ ☆ ☆ ☆ ☆

Pairs With	Serving Temperature

Notes

Ratings ☆ ☆ ☆ ☆ ☆

Wine Name _____

Winery _____   Region _____

Grapes _____   Vintage _____   Alcohol % _____

Appearance		☆ ☆ ☆ ☆ ☆
Aroma		☆ ☆ ☆ ☆ ☆
Body		☆ ☆ ☆ ☆ ☆
Taste		☆ ☆ ☆ ☆ ☆
Finish		☆ ☆ ☆ ☆ ☆

Pairs With	Serving Temperature

Notes

Ratings ☆ ☆ ☆ ☆ ☆

Wine Name _____

Winery _____ Region _____

Grapes _____ Vintage _____ Alcohol % _____

Appearance		☆ ☆ ☆ ☆ ☆
Aroma		☆ ☆ ☆ ☆ ☆
Body		☆ ☆ ☆ ☆ ☆
Taste		☆ ☆ ☆ ☆ ☆
Finish		☆ ☆ ☆ ☆ ☆

Pairs With	Serving Temperature

Notes

Ratings ☆ ☆ ☆ ☆ ☆

Wine Name _____

Winery _____ Region _____

Grapes _____ Vintage _____ Alcohol % _____

Appearance		☆ ☆ ☆ ☆ ☆
Aroma		☆ ☆ ☆ ☆ ☆
Body		☆ ☆ ☆ ☆ ☆
Taste		☆ ☆ ☆ ☆ ☆
Finish		☆ ☆ ☆ ☆ ☆

Pairs With	Serving Temperature

Notes

Ratings ☆ ☆ ☆ ☆ ☆

Wine Name _____

Winery _____ Region _____

Grapes _____ Vintage _____ Alcohol % _____

Appearance		☆ ☆ ☆ ☆ ☆
Aroma		☆ ☆ ☆ ☆ ☆
Body		☆ ☆ ☆ ☆ ☆
Taste		☆ ☆ ☆ ☆ ☆
Finish		☆ ☆ ☆ ☆ ☆

Pairs With	Serving Temperature

Notes

Ratings ☆ ☆ ☆ ☆ ☆

Wine Name

Winery _____ Region _____

Grapes _____ Vintage _____ Alcohol % _____

Appearance		☆ ☆ ☆ ☆ ☆
Aroma		☆ ☆ ☆ ☆ ☆
Body		☆ ☆ ☆ ☆ ☆
Taste		☆ ☆ ☆ ☆ ☆
Finish		☆ ☆ ☆ ☆ ☆

Pairs With	Serving Temperature

Notes

Ratings ☆ ☆ ☆ ☆ ☆

Wine Name _____

Winery _____   Region _____

Grapes _____   Vintage _____   Alcohol % _____

Appearance		☆ ☆ ☆ ☆ ☆
Aroma		☆ ☆ ☆ ☆ ☆
Body		☆ ☆ ☆ ☆ ☆
Taste		☆ ☆ ☆ ☆ ☆
Finish		☆ ☆ ☆ ☆ ☆

Pairs With	Serving Temperature

Notes

Ratings ☆ ☆ ☆ ☆ ☆

Wine Name

Winery _____ Region _____

Grapes _____ Vintage _____ Alcohol % _____

Appearance		☆ ☆ ☆ ☆ ☆
Aroma		☆ ☆ ☆ ☆ ☆
Body		☆ ☆ ☆ ☆ ☆
Taste		☆ ☆ ☆ ☆ ☆
Finish		☆ ☆ ☆ ☆ ☆

Pairs With	Serving Temperature

Notes

Ratings ☆ ☆ ☆ ☆ ☆

Wine Name

Winery _____ Region _____

Grapes _____ Vintage _____ Alcohol % _____

Appearance		☆ ☆ ☆ ☆ ☆
Aroma		☆ ☆ ☆ ☆ ☆
Body		☆ ☆ ☆ ☆ ☆
Taste		☆ ☆ ☆ ☆ ☆
Finish		☆ ☆ ☆ ☆ ☆

Pairs With	Serving Temperature

Notes

Ratings ☆ ☆ ☆ ☆ ☆

Wine Name _____

Winery _____   Region _____

Grapes _____   Vintage _____   Alcohol % _____

Appearance		☆ ☆ ☆ ☆ ☆
Aroma		☆ ☆ ☆ ☆ ☆
Body		☆ ☆ ☆ ☆ ☆
Taste		☆ ☆ ☆ ☆ ☆
Finish		☆ ☆ ☆ ☆ ☆

Pairs With	Serving Temperature

Notes

Ratings ☆ ☆ ☆ ☆ ☆

Wine Name

Winery _____ Region _____

Grapes _____ Vintage _____ Alcohol % _____

Appearance		☆ ☆ ☆ ☆ ☆
Aroma		☆ ☆ ☆ ☆ ☆
Body		☆ ☆ ☆ ☆ ☆
Taste		☆ ☆ ☆ ☆ ☆
Finish		☆ ☆ ☆ ☆ ☆

Pairs With	Serving Temperature

Notes

Ratings ☆ ☆ ☆ ☆ ☆

Wine Name _____

Winery _____ Region _____

Grapes _____ Vintage _____ Alcohol % _____

Appearance		☆ ☆ ☆ ☆ ☆
Aroma		☆ ☆ ☆ ☆ ☆
Body		☆ ☆ ☆ ☆ ☆
Taste		☆ ☆ ☆ ☆ ☆
Finish		☆ ☆ ☆ ☆ ☆

Pairs With	Serving Temperature

Notes

Ratings ☆ ☆ ☆ ☆ ☆

Wine Name _____

Winery _____   Region _____

Grapes _____   Vintage _____   Alcohol % _____

Appearance	☆ ☆ ☆ ☆ ☆
Aroma	☆ ☆ ☆ ☆ ☆
Body	☆ ☆ ☆ ☆ ☆
Taste	☆ ☆ ☆ ☆ ☆
Finish	☆ ☆ ☆ ☆ ☆

Pairs With	Serving Temperature

Notes

Ratings ☆ ☆ ☆ ☆ ☆

Wine Name _____

Winery _____   Region _____

Grapes _____   Vintage _____   Alcohol % _____

Appearance		☆ ☆ ☆ ☆ ☆
Aroma		☆ ☆ ☆ ☆ ☆
Body		☆ ☆ ☆ ☆ ☆
Taste		☆ ☆ ☆ ☆ ☆
Finish		☆ ☆ ☆ ☆ ☆

Pairs With	Serving Temperature

Notes

Ratings ☆ ☆ ☆ ☆ ☆

Wine Name _____

Winery _____   Region _____

Grapes _____   Vintage _____   Alcohol % _____

Appearance		☆ ☆ ☆ ☆ ☆
Aroma		☆ ☆ ☆ ☆ ☆
Body		☆ ☆ ☆ ☆ ☆
Taste		☆ ☆ ☆ ☆ ☆
Finish		☆ ☆ ☆ ☆ ☆

Pairs With	Serving Temperature

Notes

Ratings ☆ ☆ ☆ ☆ ☆

Wine Name _____

Winery _____   Region _____

Grapes _____   Vintage _____   Alcohol % _____

Appearance		☆ ☆ ☆ ☆ ☆
Aroma		☆ ☆ ☆ ☆ ☆
Body		☆ ☆ ☆ ☆ ☆
Taste		☆ ☆ ☆ ☆ ☆
Finish		☆ ☆ ☆ ☆ ☆

Pairs With	Serving Temperature

Notes

Ratings ☆ ☆ ☆ ☆ ☆

Wine Name

Winery _____ Region _____

Grapes _____ Vintage _____ Alcohol % _____

Appearance		☆ ☆ ☆ ☆ ☆
Aroma		☆ ☆ ☆ ☆ ☆
Body		☆ ☆ ☆ ☆ ☆
Taste		☆ ☆ ☆ ☆ ☆
Finish		☆ ☆ ☆ ☆ ☆

Pairs With	Serving Temperature

Notes

Ratings ☆ ☆ ☆ ☆ ☆

Wine Name _____

Winery _____ Region _____

Grapes _____ Vintage _____ Alcohol % _____

Appearance		☆ ☆ ☆ ☆ ☆
Aroma		☆ ☆ ☆ ☆ ☆
Body		☆ ☆ ☆ ☆ ☆
Taste		☆ ☆ ☆ ☆ ☆
Finish		☆ ☆ ☆ ☆ ☆

Pairs With	Serving Temperature

Notes

Ratings ☆ ☆ ☆ ☆ ☆

Wine Name _____

Winery _____   Region _____

Grapes _____   Vintage _____   Alcohol % _____

Appearance	☆ ☆ ☆ ☆ ☆
Aroma	☆ ☆ ☆ ☆ ☆
Body	☆ ☆ ☆ ☆ ☆
Taste	☆ ☆ ☆ ☆ ☆
Finish	☆ ☆ ☆ ☆ ☆

Pairs With	Serving Temperature

Notes

Ratings ☆ ☆ ☆ ☆ ☆

Wine Name _____

Winery _____   Region _____

Grapes _____   Vintage _____   Alcohol % _____

Appearance		☆ ☆ ☆ ☆ ☆
Aroma		☆ ☆ ☆ ☆ ☆
Body		☆ ☆ ☆ ☆ ☆
Taste		☆ ☆ ☆ ☆ ☆
Finish		☆ ☆ ☆ ☆ ☆

Pairs With	Serving Temperature

Notes

Ratings ☆ ☆ ☆ ☆ ☆

Wine Name _____

Winery _____   Region _____

Grapes _____   Vintage _____   Alcohol % _____

Appearance		☆ ☆ ☆ ☆ ☆
Aroma		☆ ☆ ☆ ☆ ☆
Body		☆ ☆ ☆ ☆ ☆
Taste		☆ ☆ ☆ ☆ ☆
Finish		☆ ☆ ☆ ☆ ☆

Pairs With	Serving Temperature

Notes

Ratings ☆ ☆ ☆ ☆ ☆

Wine Name _____

Winery _____ Region _____

Grapes _____ Vintage _____ Alcohol % _____

Appearance		☆ ☆ ☆ ☆ ☆
Aroma		☆ ☆ ☆ ☆ ☆
Body		☆ ☆ ☆ ☆ ☆
Taste		☆ ☆ ☆ ☆ ☆
Finish		☆ ☆ ☆ ☆ ☆

Pairs With	Serving Temperature

Notes

Ratings ☆ ☆ ☆ ☆ ☆

Wine Name

Winery _____ Region _____

Grapes _____ Vintage _____ Alcohol % _____

Appearance		☆ ☆ ☆ ☆ ☆
Aroma		☆ ☆ ☆ ☆ ☆
Body		☆ ☆ ☆ ☆ ☆
Taste		☆ ☆ ☆ ☆ ☆
Finish		☆ ☆ ☆ ☆ ☆

Pairs With	Serving Temperature

Notes

Ratings ☆ ☆ ☆ ☆ ☆

Wine Name _____

Winery _____   Region _____

Grapes _____   Vintage _____   Alcohol % _____

Appearance		☆ ☆ ☆ ☆ ☆
Aroma		☆ ☆ ☆ ☆ ☆
Body		☆ ☆ ☆ ☆ ☆
Taste		☆ ☆ ☆ ☆ ☆
Finish		☆ ☆ ☆ ☆ ☆

Pairs With	Serving Temperature

Notes

Ratings ☆ ☆ ☆ ☆ ☆

Wine Name _____

Winery _____ Region _____

Grapes _____ Vintage _____ Alcohol % _____

Appearance		☆ ☆ ☆ ☆ ☆
Aroma		☆ ☆ ☆ ☆ ☆
Body		☆ ☆ ☆ ☆ ☆
Taste		☆ ☆ ☆ ☆ ☆
Finish		☆ ☆ ☆ ☆ ☆

Pairs With	Serving Temperature

Notes

Ratings ☆ ☆ ☆ ☆ ☆

Wine Name _____

Winery _____ Region _____

Grapes _____ Vintage _____ Alcohol % _____

Appearance		☆ ☆ ☆ ☆ ☆
Aroma		☆ ☆ ☆ ☆ ☆
Body		☆ ☆ ☆ ☆ ☆
Taste		☆ ☆ ☆ ☆ ☆
Finish		☆ ☆ ☆ ☆ ☆

Pairs With	Serving Temperature

Notes

Ratings ☆ ☆ ☆ ☆ ☆

Wine Name _____

Winery _____ Region _____

Grapes _____ Vintage _____ Alcohol % _____

Appearance		☆ ☆ ☆ ☆ ☆
Aroma		☆ ☆ ☆ ☆ ☆
Body		☆ ☆ ☆ ☆ ☆
Taste		☆ ☆ ☆ ☆ ☆
Finish		☆ ☆ ☆ ☆ ☆

Pairs With	Serving Temperature

Notes

Ratings ☆ ☆ ☆ ☆ ☆

Wine Name _____

Winery _____ Region _____

Grapes _____ Vintage _____ Alcohol % _____

Appearance		☆ ☆ ☆ ☆ ☆
Aroma		☆ ☆ ☆ ☆ ☆
Body		☆ ☆ ☆ ☆ ☆
Taste		☆ ☆ ☆ ☆ ☆
Finish		☆ ☆ ☆ ☆ ☆

Pairs With	Serving Temperature

Notes

Ratings ☆ ☆ ☆ ☆ ☆

Wine Name _____

Winery _____   Region _____

Grapes _____   Vintage _____   Alcohol % _____

Appearance		☆ ☆ ☆ ☆ ☆
Aroma		☆ ☆ ☆ ☆ ☆
Body		☆ ☆ ☆ ☆ ☆
Taste		☆ ☆ ☆ ☆ ☆
Finish		☆ ☆ ☆ ☆ ☆

Pairs With	Serving Temperature

Notes

Ratings ☆ ☆ ☆ ☆ ☆

Wine Name _____

Winery _____   Region _____

Grapes _____   Vintage _____   Alcohol % _____

Appearance		☆ ☆ ☆ ☆ ☆
Aroma		☆ ☆ ☆ ☆ ☆
Body		☆ ☆ ☆ ☆ ☆
Taste		☆ ☆ ☆ ☆ ☆
Finish		☆ ☆ ☆ ☆ ☆

Pairs With	Serving Temperature

Notes

Ratings ☆ ☆ ☆ ☆ ☆

Wine Name _____

Winery _____   Region _____

Grapes _____   Vintage _____   Alcohol % _____

Appearance		☆ ☆ ☆ ☆ ☆
Aroma		☆ ☆ ☆ ☆ ☆
Body		☆ ☆ ☆ ☆ ☆
Taste		☆ ☆ ☆ ☆ ☆
Finish		☆ ☆ ☆ ☆ ☆

Pairs With	Serving Temperature

Notes

Ratings ☆ ☆ ☆ ☆ ☆

Wine Name

Winery _____ **Region** _____

Grapes _____ **Vintage** _____ **Alcohol %** _____

Appearance		☆ ☆ ☆ ☆ ☆
Aroma		☆ ☆ ☆ ☆ ☆
Body		☆ ☆ ☆ ☆ ☆
Taste		☆ ☆ ☆ ☆ ☆
Finish		☆ ☆ ☆ ☆ ☆

Pairs With	Serving Temperature

Notes

Ratings ☆ ☆ ☆ ☆ ☆

Wine Name _____

Winery _____   Region _____

Grapes _____   Vintage _____   Alcohol % _____

Appearance		☆ ☆ ☆ ☆ ☆
Aroma		☆ ☆ ☆ ☆ ☆
Body		☆ ☆ ☆ ☆ ☆
Taste		☆ ☆ ☆ ☆ ☆
Finish		☆ ☆ ☆ ☆ ☆

Pairs With	Serving Temperature

Notes

Ratings ☆ ☆ ☆ ☆ ☆

Wine Name _____

Winery _____ Region _____

Grapes _____ Vintage _____ Alcohol % _____

Appearance		☆ ☆ ☆ ☆ ☆
Aroma		☆ ☆ ☆ ☆ ☆
Body		☆ ☆ ☆ ☆ ☆
Taste		☆ ☆ ☆ ☆ ☆
Finish		☆ ☆ ☆ ☆ ☆

Pairs With	Serving Temperature

Notes

Ratings ☆ ☆ ☆ ☆ ☆

Wine Name _____

Winery _____   Region _____

Grapes _____   Vintage _____   Alcohol % _____

Appearance		☆ ☆ ☆ ☆ ☆
Aroma		☆ ☆ ☆ ☆ ☆
Body		☆ ☆ ☆ ☆ ☆
Taste		☆ ☆ ☆ ☆ ☆
Finish		☆ ☆ ☆ ☆ ☆

Pairs With	Serving Temperature

Notes

Ratings ☆ ☆ ☆ ☆ ☆

Wine Name _____

Winery _____   Region _____

Grapes _____   Vintage _____   Alcohol % _____

Appearance		☆ ☆ ☆ ☆ ☆
Aroma		☆ ☆ ☆ ☆ ☆
Body		☆ ☆ ☆ ☆ ☆
Taste		☆ ☆ ☆ ☆ ☆
Finish		☆ ☆ ☆ ☆ ☆

Pairs With	Serving Temperature

Notes

Ratings ☆ ☆ ☆ ☆ ☆

Wine Name _____

Winery _____ Region _____

Grapes _____ Vintage _____ Alcohol % _____

Appearance		☆ ☆ ☆ ☆ ☆
Aroma		☆ ☆ ☆ ☆ ☆
Body		☆ ☆ ☆ ☆ ☆
Taste		☆ ☆ ☆ ☆ ☆
Finish		☆ ☆ ☆ ☆ ☆

Pairs With	Serving Temperature

Notes

Ratings ☆ ☆ ☆ ☆ ☆

Wine Name _____

Winery _____   Region _____

Grapes _____   Vintage _____   Alcohol % _____

Appearance		☆ ☆ ☆ ☆ ☆
Aroma		☆ ☆ ☆ ☆ ☆
Body		☆ ☆ ☆ ☆ ☆
Taste		☆ ☆ ☆ ☆ ☆
Finish		☆ ☆ ☆ ☆ ☆

Pairs With	Serving Temperature

Notes

Ratings ☆ ☆ ☆ ☆ ☆

Wine Name

Winery _____   Region _____

Grapes _____   Vintage _____   Alcohol % _____

Appearance		☆ ☆ ☆ ☆ ☆
Aroma		☆ ☆ ☆ ☆ ☆
Body		☆ ☆ ☆ ☆ ☆
Taste		☆ ☆ ☆ ☆ ☆
Finish		☆ ☆ ☆ ☆ ☆

Pairs With	Serving Temperature

Notes

Ratings ☆ ☆ ☆ ☆ ☆

www.ingramcontent.com/pod-product-compliance
Lightning Source LLC
Chambersburg PA
CBHW071408080526
44587CB00017B/3215